Linksliegend:

Analyse

Planung

Mathematik

Organisation

Sprache / Lesen

Digitales Denken

Verbale Kommunikation

Logisches Denken

Detailkenntnisse

Gedächtnis für Wörter

und Zahlen

Sprachgedächtnis

Diese Zentren werden beim Denken und Handeln wechselseitig aktiviert.
Laut neuerer Gehirnforschung ist unstrittig, daß neben dem Kleinhirn mit dem verlängerten Rückenmark das Großhirn selbst (zwei Halbkugeln, deren Oberfläche vielfach zerklüftet ist) in unterschiedlich funktionierende Teile gegliedert ist.

Die meisten unserer Alltagsbeobachtungen (z. B. haben wir beim Betrachten von Bildern Text im Kopf, beim Lesen von Texten haben wir Bilder im Kopf!) führen aufgrund dieser Erkenntnisse zu verblüffenden Aha-Erlebnissen – weil immer jeweils die eine mit der anderen Gehirnhälfte *korrespondiert*...
Es blitzt wie beim Kurzschluß!

Bei ersterem ist bei Ihnen das *Linkshirn* stärker ausgeprägt.

Was schließen wir daraus?

Alles ist *bi:*

Trauer
tief
passiv
alt
häßlich
abgestanden
konservativ
schlecht
etc.

Je größer der Gegensatz, desto stärker
die Wirkung!

Bei einem Witz ist die Pointe (Zusammenprall von Logik und Unlogik) immer entgegengesetzt zur Realität...

In diesem Buch stecken 150 Headlines…

logische, realistische, sachliche,
langweilige…

Wenn Sie die jeweils passende

Weil Sie jetzt der (Neu-)Kombination auf die Schliche gekommen sind, kommen Sie vielleicht auch auf eigene Bilder zu diesen Texten…

1

TOP

Almdudler
Almdudler

500 g
L023101
Warburg
junge Erbsen fein
mit jungen ganzen
Karotten

SULO

Der
Möbelgigant
VGA
KENWOOD

RT1
G-SN 13

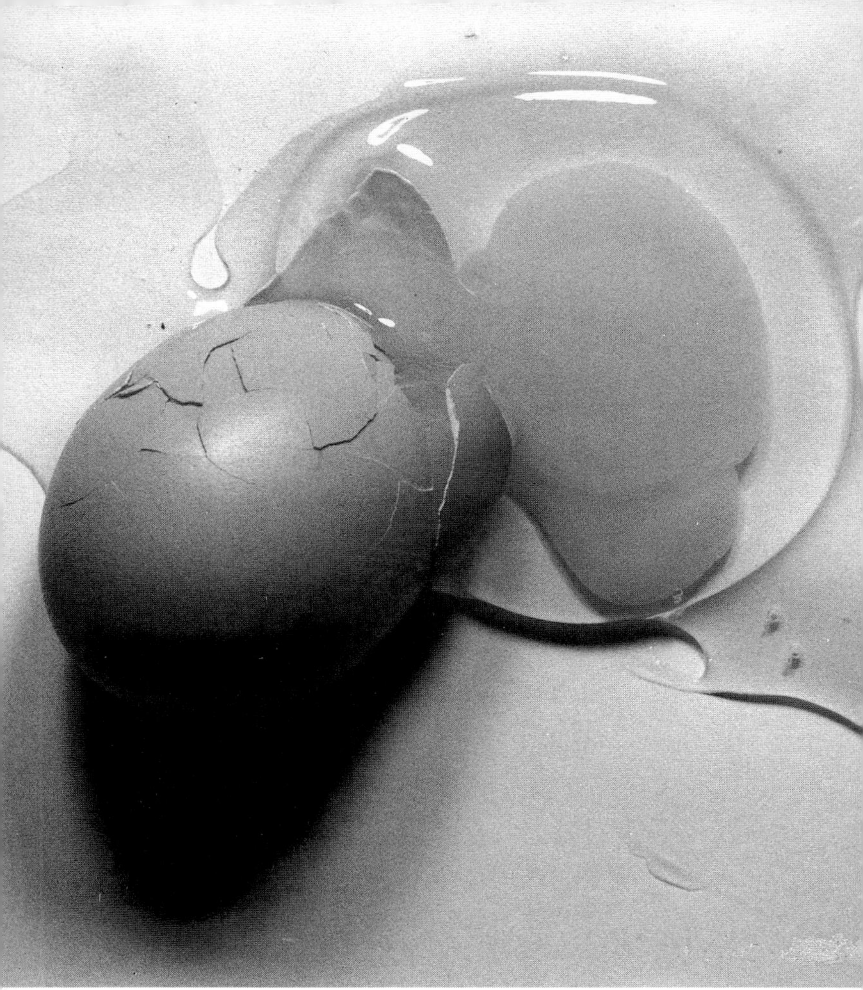

SPACE RUNNER

DEUTSCHE
10
BUNDESREPUBLIK DEUTSCHLAND
5
PFENNIG

km/h
TURN
OIL
NEUTRAL
HIGH BEAM
x1000r/min
PUSH

GEMÜSE
OBS

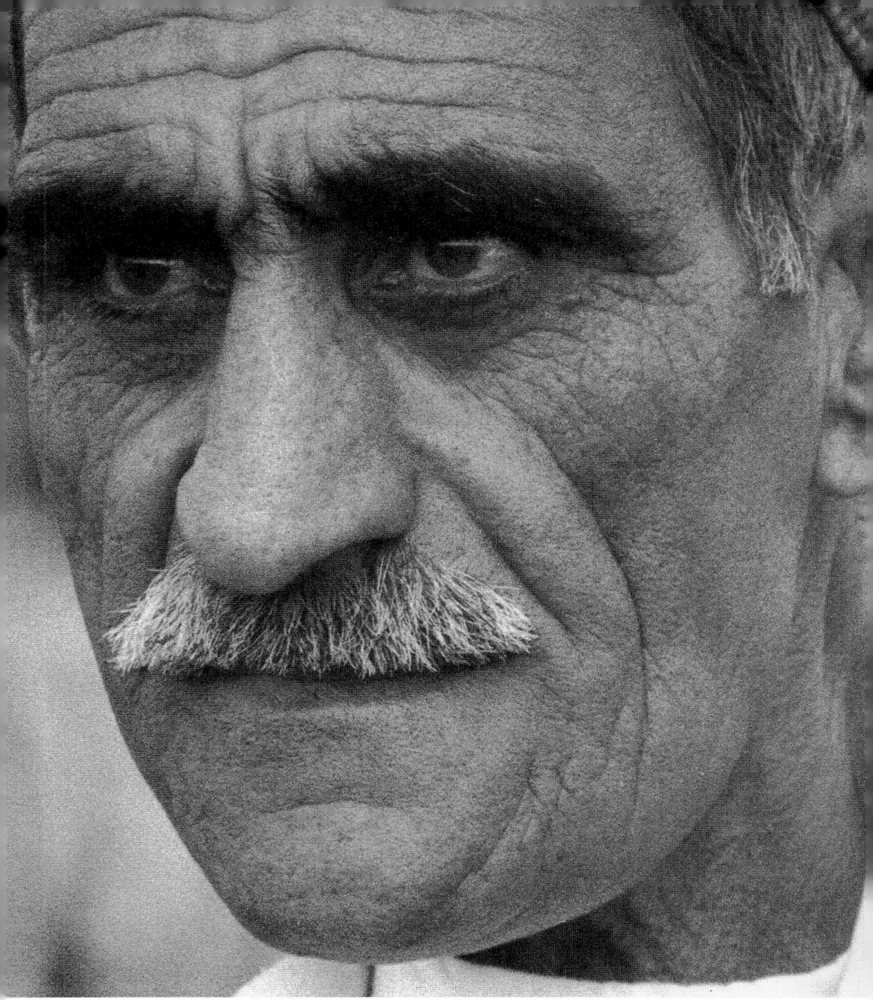

FACE-PEOPLE
THANK YOU

MPS
MINOLTA

ERIA
LÖWENBRÄU
RISTORANTE·PIZZERIA
RISTORANTE
Il Fungo

Rauchen verboten

DELUXE
AEG

ARMIN HARY

GOLD

Junior

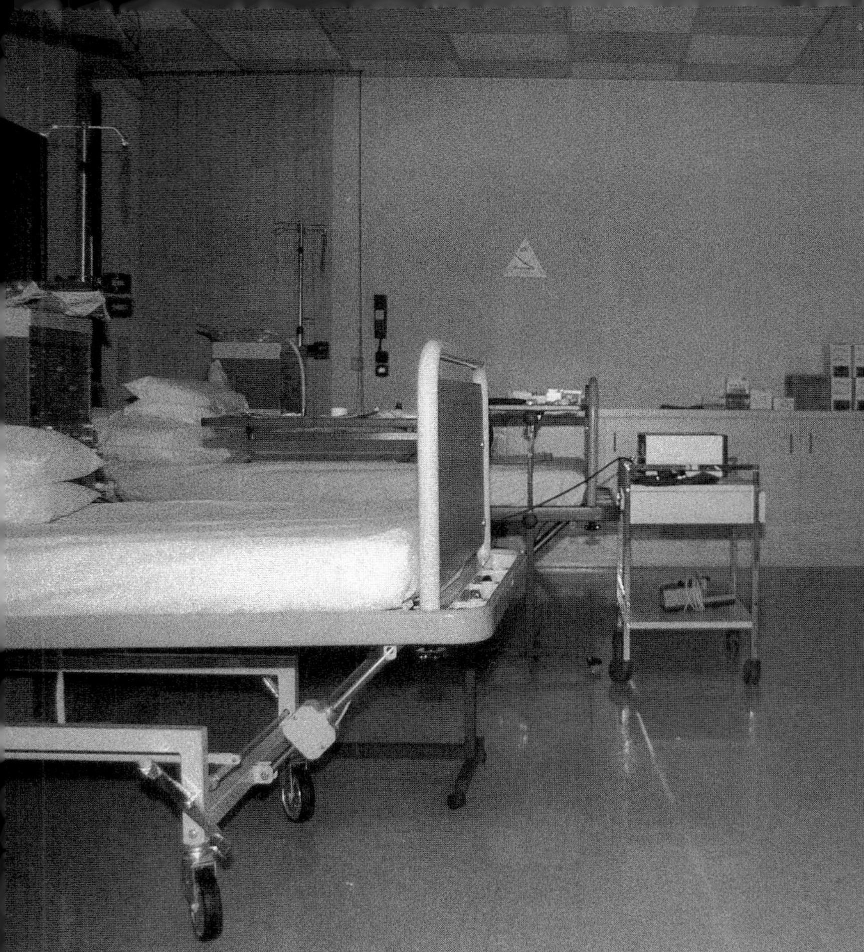

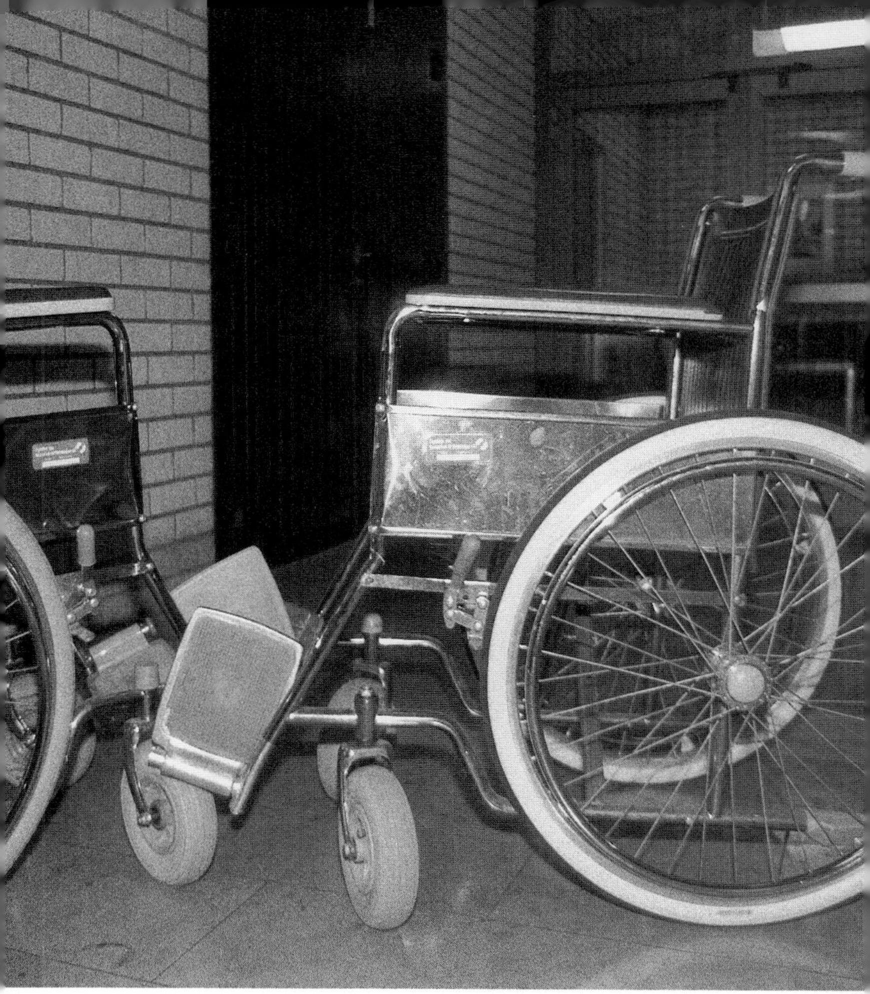

AKTION SORGENKIND

LION

Kat
Gesamtkirc

BAYSWATER
DISTRICT LINE
EVELYN GLENNIE
Evelyn Glennie
rhythm song
RCA VICTOR
MIDLAND BANK
PROMS
£6
Royal Opera House

HKL

ČSFR

TAGE

12

CREDIT LYONNAIS

WOR
R 771

CALYPSO
LACH
KABINETT
LACHKABINETT
SCHAAF
LAUTA
A
BLEDE

Kronen
Zeitung

WINDMILL
VISITOR
CENTRE

Ich bin normalerweise nicht so unbeherrscht.

Damit können Sie sich überall sehen lassen.

Mit Vorsicht zu genießen!

Hier stinkt's!

Präzise wie ein Schweizer Uhrwerk …

Du sollst nicht töten!

5 Minuten nach 12...

Bildnachweis

Die Bildautoren sind mit, die Textautoren ohne Seitenverweise genannt.

An diesem Studienprojekt der Klasse Prof. Urban waren beteiligt:

Sven Achatz 54, 55, 90, 119, 146, 151
Lucian Binder-Catana 38, 88, 89, 116, 121, 140
Ilona Bismor 6, 14, 66, 106, 142
Mirko Borsche 82, 86, 94
Claudia Bürgers 2, 10, 25, 83, 97
Robert Fischer 16, 111, 127, 144
Carsten Gardner
Nadja Heilbrunner 110, 115
Gabriele Henle 11, 39, 67, 80, 93, 112, 132, 149
Gerald Hötzeneder* 9, 43, 49, 68, 77, 78, 99, 124, 131, 135, 137
Nanette Hoyer 5, 73, 79, 105, 148
Bernd Jager
Norbert Jarosch
Peter Jilly
Fritz Krauß
Evelyn Kugler 58, 74, 98, 108
Stefan Marshall 8, 18, 26, 56, 59, 87, 125, 126, 136
Karin Meier 3, 12, 24, 27, 41, 45, 50, 84, 120, 123
Isabel Pettinger
Andrea Rietzler 48, 72, 100, 109, 138
Andrea Scheide 35, 57, 70, 75, 76, 129, 147
Axel Schildt 44, 47, 69, 95, 102, 107, 114
Tina Schmerber
Andrea Sondermeier 21, 53, 130, 141
Christian Sonnberger 81, 92, 122
Peter Thorwart 4, 23, 30, 31, 42, 46, 62, 63
Tobias Urban 29, 40
Stefanie Walkiw 22, 61, 101
Rainer Weishaupt 13, 33, 71, 113
Annette Zoepf 28, 104, 143

Alle Fachhochschule Augsburg   * Hochschule für Gestaltung Linz

... Wenn Sie es nicht bereits
beim ersten Durchblättern getan haben,
machen Sie einmal folgenden Versuch:

Schlagen Sie eine x-beliebige Stelle
auf und blättern Sie dann die rechte
oder linke Seite weiter – 3mal, 9mal,
25mal, 60mal, x-mal ...

Wie oft stimmt beides nicht zusammen?
Ehrlich! Wie oft mußten/müßten Sie
sagen: »Eigentlich – wenn man's ganz
genau nimmt ...«? Das ist eben rhetorisch ...

Warum ist das so?

Das menschliche Gehirn – ein Wunderwerk aus
15 Milliarden Bausteinen – verfügt über zwei
Zentren, die miteinander »korrespondieren«.

Rechtsliegend:

Synthese

Emotionen

Musikalität

Körpersprache

Rhythmus / Tanz

Analoges Denken

Visuelle Kommunikation

Ganzheitliche

Erfahrungen

Gedächtnis für

Personen und Sachen

Erlebnisgedächtnis

Beide Großhirn-Hemisphären nehmen *unterschiedliche Bewußtseinshaltungen* ein.

Was fällt Ihnen leichter: das Bild jeweils »stehen« zu lassen und den Text auszuwechseln...

...oder den Text »stehen« zu lassen und neue Bilder aufzublättern?

Bei letzterem ist bei Ihnen das *Rechtshirn* stärker ausgeprägt.

Freude
hoch
aktiv
jung
schön
frisch
progressiv
gut
etc.

Das heißt aber auch: Zu einem aggressiven Bild gehört ein passiver Text und umgekehrt!

...wie bei einem Magier der Trick:

Er lenkt mit seinen Händen auf der rechten Seite den Blick der Zuschauer vom Trick ab, der auf der linken Seite mit den Füßen gemacht wird...

... und 150 Bilder. Wenn jeder Text mit jedem Bild kombiniert wird (was durch die getrennten Buchblöcke möglich ist), entstehen 22 500* Botschaften – mehr oder weniger unlogische, paradoxe, absurde,

... aber auch rhetorische: Die linke Gehirnhälfte des Betrachters (für das *Begreifen* von Pointen zuständig) »repariert den Schaden«, den die rechte (für das *Erfinden* von Pointen zuständig) »angerichtet hat« ...

* Nach Abzug von ca. 1,25 Prozent Ausschuß verbleiben 22 222 verwendbare Bild-Text-Kombinationen.

oder gezielt unpassende Kombination gefunden haben, können Sie an die Werbung für eine Versicherung, Bank, Kommune, soziale Organisation oder für Zahnpasta, Schuhcreme, Waschmittel, Bier, Wein, Weinbrand, Schokolade oder Tabak oder oder … denken – und einen erklärenden Text dazuschreiben.

...oder auf eigene Texte zu diesen Bildern oder auf beides – oder auf andere Kombinationen, die außerhalb der Werbetechnik liegen.

Ich wünsche Ihnen auf jeden Fall viel Amüsement beim geräuschvollen Blättern.

Dieter Urban

Der beste Rat,
den wir Ihnen geben können:
Hören Sie nicht auf die
Meinung anderer!

Die Ärzte werden die letzten sein.

**Das Gefühl
für Proportionen endet
meistens
vor dem Spiegel.**

Dafür ist man nie zu alt.

Der Tag danach
und ein gutes Gefühl.

Ob er hält, was er verspricht?

Mißbrauchen auch Sie Ihr Kind als Waffe?

Guter Rat ist teuer – bei uns nicht.

... und der Mensch blüht auf.

Steigen Sie ein!

»Mach mich nicht an!«

**Von der Rente allein
kann die Oma nicht leben.**

Herzliches Beileid!

**Dafür müßten Sie
Ihren Verstand schon etwas
anstrengen.**

Können Sie mit 65 Ihre Freunde noch erkennen?

Hotel mit Vollpension.

Mein bester Freund.

Haben Sie schon zwei identische Teile gesehen, die wirklich gleich sind?

Form follows function.

Brauchen Sie auch von Zeit zu Zeit etwas Pflege?

Wie bringen Sie sich am besten durch den Winter?

Die Zahl
der Grünpflanzen
in unseren Wohnzimmern sinkt
von Jahr zu Jahr.

Ich hab' die Nase voll!

Das kann böse enden.

Auch dieses Jahr
hat 365 Tage,
und wie viele haben Sie davon
schon sinnvoll genutzt?

Dürfen Männer ihren Mädchennamen behalten?

Stundenlang
auf dem Sitz festgeschnallt,
ewig das Geschaukel
und dann auch noch
die Hose voll!

Ein Fall für *Miss Marple.*

Auf dieses Konto legen Sie den Grundstein für Ihre Altersversorgung.

»I did it my way…«

Bestrahlung und Gentechnik sind für uns tabu.

Baden verboten!

**Erheben Sie Ihr Glas,
und stoßen Sie
aufs Leben an!**

(209) 45 67 09.

...und wenn
das fünfte Lichtlein brennt,
dann hast Du Weihnachten
verpennt.

»Sie sind mir sympathisch!«

»Ist das Kunst?«

**Hell wie die Nacht,
schwarz wie der Tag.**

Hintertürchen am Hinterstübchen.

Gebühr zahlt Empfänger!

Aber bitte mit Gefühl!

**Wird Ihnen
auch im Hochsommer
die kalte Schulter gezeigt?**

Same procedure as every year.

Alle für einen oder alles für einen?

Verraten Sie uns Ihr intimstes Geheimnis!

Der Geist
blieb auf der Strecke,
der Wagen nicht.

Es liegt am Trend, wer Müll trennt.

Geschäftsleute sind gern unter sich. Aber nicht gern zu nah beisammen!

Wer hat die Schnapsflaschen versteckt?

Bei unserem Klang werden Ihnen die Ohren aufgehen!

Hatten Sie einen Unfall?

Die Gabe vergelte der gütige Gott!

Das Ende einer langen Leidenschaft.

**Kenner
sind scharf
auf junges Gemüse.**

»Wo ist der Lenz, Veronika?«

Haben Sie Ihre Feinde wirklich verdient?

Hinten wird gebaut.

Jedem das Meine!

Nachts sind alle Katzen grau.

Finden Sie Glatzköpfe haarsträubend?

**Die ersten
werden die letzten sein, und
die letzten beißen die Hunde.**

Ist bereits aller Tage Abend?

Schwarzfahrer,
die es zu bunt treiben,
sehen jetzt die rote Karte.

Kennen Sie Ihr Kind?

Der Chef
hat einen Witz erzählt.

Wollen Sie noch lange nach den CD-Playern anderer tanzen?

Das Schicksal hat uns zusammengeführt.

Vorsicht Glatteis!

Da ist die Welt noch in Ordnung.

**Natürlich
kann wieder keiner
was dafür.**

Der April
macht mit dem Wetter,
was er will.

Du sollst nicht hinterm Mond leben.

Gemeinsam oder einsam?

Parken verboten!

Schön zu wissen, warum unsere Erde wohnlich ist.

Was bedeutet der Wohnungswechsel für Sie?

Wie wichtig ist Ihnen Ihr Aussehen?

Freuen Sie sich nicht zu früh!

»Ich sehe nichts als blinde Wut.«

Alles frisch vom Bauern!

**Für
eventuelle Beschädigungen
beim Waschen sind wir
nicht haftbar.**

Wo
sehen Sie bei Frauen
als erstes hin?

**Eine Form,
die das Denken
des Gestalters
erkennen läßt.**

Ein Typ zum Pferdestehlen.

Mit dem
nötigen Gottvertrauen
ist alles möglich.

Was hat das mit einem Autokauf zu tun?

Sie glauben schon alles über Aprilwetter zu wissen?

Ein frohes Fest
und
ein gutes neues Jahr!

Einwendungen richten Sie an unsere Revisionsabteilung.

»Denk an Deine Frau – egal welche!«

Manche mögen's weiß.

Fazit:
Heuer noch mehr
Wirtschaftspleiten
als im Vorjahr.

Gewinnen Sie eine Reise nach Jugoslawien!

Verschollen im Sommerloch!

Rekord: 84 Überlebende im Osterverkehr!

Ein Heer von 20000 Forschern versucht das Rätsel zu knacken.

»Auch ich gehöre einer Minderheit an.«

Die Tücke des Objekts.

»An Ihrer Stelle würde ich gleich aufgeben.«

Trautes Heim – zum Glück allein!

Wie viele Nachthemden haben Sie?

Brot für die Welt –
Torte für mich.

Kein Meister ist vom Himmel gefallen!

Heute schon geduscht?

Er liebt sie doch,
aber sie ist ja noch so klein.

Riechen Sie aprilfrisch?

Steckt in Ihrem Kragen der richtige Kopf?

Was fällt Ihnen eigentlich ein?

Es gibt viel schlimmere Fälle.

Dies ist
ein rein pflanzliches
Beruhigungsmittel.

»Nein, wir sind nicht die Firma mit den guten Heizkesseln.«

Werden Ihre Gefühle naß?

Hören Sie das Gras wachsen?

Probier's mal mit Gemütlichkeit!

Auch Trauern will gelernt sein.

»Hier wird gegessen, was auf den Tisch kommt!«

»Ich gebe zu, ich bin älter geworden.«

Von nichts kommt alles.

Was halten Sie von Betten, unter denen viel Platz ist?

Sie suchen nach einer Geschenkidee?

»Ich bin schön!«

Der Kurzfilm erfreut sich großer Beliebtheit.

**Überlegen Sie doch,
ob eine Zigarette wirklich
Sie als Raucher braucht!**

Bitte nicht füttern!

Das kommt in den besten Familien vor.

»Ständig muß ich gegen mein Image als Sexsymbol ankämpfen!«

Haben Sie eine 16jährige Tochter?

Nach Gebrauch
bitte fachgerecht entsorgen.

Wie lange, glauben Sie, vermag der Baum das tote Holz noch aufrechtzuerhalten?

Ihre Frau hat Sie verlassen?

Wie glatt ist das Eis, auf das Sie sich führen lassen?

Heute bleibt dieser Platz frei!

Er ist klein, flink und galoppiert Dutzende Kilometer weit.

Was machen Sie mit Ihren besten Ideen?

... eine Begegnung der besonderen Art.

Ist seine Leidenschaft
eine Eigenschaft,
die Leiden schafft?

Keine falsche Bewegung!

Die meisten Rennen entscheiden sich oft erst kurz nach dem Ziel.

Ein Europäer verbraucht 286mal soviel Strom wie ein Senegalese.

Baby an Bord!

Die Sache besticht durch ihre Natürlichkeit.

Wollen Sie wirklich erst 64 andere Produkte testen, bevor Sie unseres kaufen?

Wen bestraft das Leben?

Herausgegeben in Zusammenarbeit mit
novum
gebrauchsgraphik
Internationale Monatszeitschrift für
Kommunikationsdesign

Eine Produktion des Bruckmann-Teams, München

Umschlaggestaltung: Uwe Richter,
nach einer Idee von Dieter Urban
Lektorat: Jutta Hemminger
Herstellung: Peter Schneider, Bettina Schippel

Gedruckt auf chlorfrei gebleichtem Papier

Die Deutsche Bibliothek – CIP-Einheitsaufnahme

Bruckmanns Brainstormer: 22 222 Werbebotschaften
für Kreative / nach einer Idee von Dieter Urban. –
München: Bruckmann, 1996
ISBN 3-7654-2808-6
NE: Urban, Dieter [Hrsg.]; Brainstormer

Gesamtherstellung: Bruckmann, München
Druck: Schoder Druck, Gersthofen
Printed in Germany
ISBN 3-7654-2808-6